CLUB DE LECTURE

Une bonne façon d'aider les futurs lecteurs est de leur lire des histoires et aussi de lire avec eux. Petit à petit, ils parviendront ainsi à reconnaître certains mots, et enfin à lire seuls.

Commencez d'abord par lire à l'enfant l'histoire racontée sur les pages de gauche.

Relisez ensuite le livre autant de fois que l'enfant le demande. Regardez les dessins avec lui.

Plus tard, l'enfant sera à même de lire seul les légendes des pages de droite.

Quelques idées complémentaires pour vous aider dans votre démarche se trouvent en fin de volume.

L'édition originale de ce livre a paru sous le titre: *Tessa and the Magician* dans la collection ''Puddle Lane''

© Texte et mise en pages de l'édition anglaise SHEILA McCULLAGH, 1985
© Edition anglaise publiée par LADYBIRD BOOKS LTD, 1985
© Bordas, Paris, pour l'adaptation française, 1987

ISBN 2.04.016888-5
Dépôt légal: septembre 1987
Achevé d'imprimer en août 1987
par Ladybird Books Ltd, Loughborough, Leics, Angleterre
Imprimé en Angleterre

Sophie et le magicien

texte de **SHEILA McCULLAGH**
illustrations de **JOHN LOBBAN**
adaptation de **LAURETTE BRUNIUS**

Ce livre appartient à:

Bordas

Sophie Griffagile
était une toute petite chatte
qui avait de très grandes oreilles.
Elle habitait dans le jardin
d'une vieille maison.
Dans la maison vivait un magicien.
Sophie vivait dans un recoin caché
sous les marches du perron
qui menait à la porte d'entrée.
Elle vivait là avec sa mère
qui s'appelait Mathilde,
et son frère Bébert.

Sophie

Un jour, Sophie se réveilla
très tôt le matin.
Sa mère était partie
chercher de quoi manger,
et son frère
dormait encore profondément.

Sophie se réveilla.

La vieille maison
avait un grand jardin.
Personne ne s'occupait du jardinage.
L'herbe et les fleurs des champs
avaient tout envahi.
C'était un endroit merveilleux
pour jouer.
Sophie sortit dans le jardin pour jouer.

Sophie sortit.

Il y avait dans le jardin
un vieil arbre
qui poussait tout près de la maison.

Sophie courut jusqu'à l'arbre
et se mit à grimper.
Elle grimpa tout en haut.

le vieil arbre

Sophie regarda du haut de l'arbre.
Le toit de la vieille maison
était juste au-dessous d'elle.

Sophie se pencha.

Sophie sauta sur le toit
de la vieille maison.

Sophie sauta sur le toit.

Elle vit une lucarne sur le toit.
La lucarne était ouverte.
Sophie courut jusqu'à la lucarne
et regarda dans le grenier.

Sophie se pencha.

Sophie vit un vieil homme.
Il était assis dans un fauteuil
et il dormait profondément.
Il avait de longs cheveux blancs,
et une longue barbe blanche.

— Ça doit être le magicien,
se dit Sophie.

Sophie vit le magicien.

Une grande perche de bois
était posée près de la fenêtre.
Sophie regarda la perche.

— Je vais me laisser glisser par là.
Le magicien dort profondément,
et il y a des choses très intéressantes
dans cette pièce.
Elle se laissa glisser
le long de la perche.

Souris
magiques
pour oreilles
géantes

Sophie regardait.

Elle n'était encore qu'à mi-chemin
quand elle se trouva
à la hauteur d'une étagère.

Sophie sauta sur l'étagère.
Il y avait un bocal sur l'étagère.
Il était plein de souris en sucre.
C'étaient des souris blanches,
et elles étaient en sucre.
Sophie regarda le bocal.
Elle avait très faim.

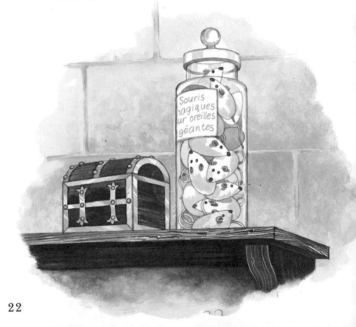

Sophie sauta
sur l'étagère.

Il y avait une étiquette sur le bocal:
"Souris magiques pour oreilles géantes."
Sophie ne savait pas lire,
mais en regardant le bocal,
elle eut l'eau à la bouche.
Elle renversa le bocal.
Le couvercle tomba
et une souris en sucre roula sur l'étagère.
Sophie avala la souris. C'était très bon.

Sophie avala la souris.

Elle allait manger une deuxième souris,
quand elle sentit
une sorte de démangeaison
dans les oreilles.

Elle porta la patte à ses oreilles.

Ses oreilles grandissaient.

Les oreilles de Sophie
grandissaient.

Miaou! pleurait Sophie.

Elle avait très peur.
A nouveau elle toucha ses oreilles.
Elles grandissaient de plus en plus.

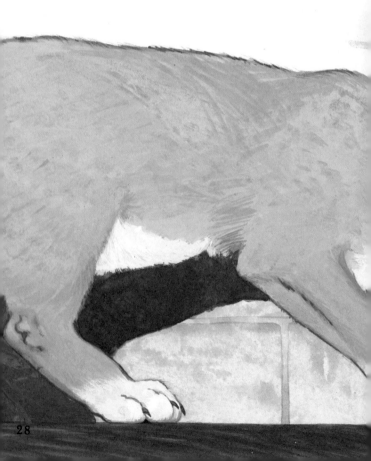

Ses oreilles
grandissaient
de plus en plus.

– Miaou! pleurait Sophie. Miaou! Miaou!

Elle courut vers le magicien.
Ses oreilles étaient si grandes
qu'elle ne pouvait pas sauter,
alors elle grimpa
le long de la jambe du magicien
comme à un tronc d'arbre.

Sophie courut vers
le magicien.

Le magicien se réveilla
en poussant un cri de douleur.
Il vit Sophie.

– Ôte tes griffes de ma jambe!
s'écria le magicien.
Ôte tes griffes de ma jambe!

– Mes oreilles! criait Sophie.
Regardez mes oreilles!
Elles grandissent encore!

Le magicien
vit Sophie.

Le magicien se mit à rire.

— Petite sotte, dit-il.

Tu as mangé des souris en sucre.

Il ne fallait pas.

Elles font pousser les oreilles.

— Je vous en supplie! Faites que
mes oreilles arrêtent de pousser,
gémit Sophie.

Le magicien se remit à rire.

— Souris, petites souris,
rentrez dans le bocal.

Oreilles, grandes oreilles,
redevenez comme avant, dit-il.

Et il fit claquer ses doigts.

le magicien

Aussitôt, le bocal se redressa
et toutes les souris en sucre rentrèrent.
Les oreilles de Sophie rapetissaient.
Elles rapetissèrent
jusqu'à ce qu'elles eurent retrouvé
leur longueur normale.

— Oh, merci! s'écria Sophie.
Et elle se mit à ronronner.

— Tout ça est bel et bien, dit le magicien.
Mais ma pauvre jambe,
qu'est-ce que tu en fais?

— Je vous demande pardon pour votre jambe,
dit Sophie.

Sophie et le magicien

Sophie raconta à Mathilde l'histoire
du magicien et des souris en sucre.

— Il ne faut pas aller
embêter les magiciens, dit sa mère.
Ils ont plus d'un tour dans leur sac.

— Je sais, dit Sophie. Mais ce magicien-là
est un gentil magicien,
n'est-ce pas?

Sophie et Mathilde

Notes à l'usage des parents

Quand vous avez lu l'histoire, revenez au début. Regardez chaque image et commentez-la. Montrez la légende du doigt et lisez-la tout haut.

Suivez avec le doigt quand vous lisez, afin que l'enfant apprenne que la lecture se fait de gauche à droite. (Sans qu'il soit nécessaire de le lui dire, car les enfants apprennent beaucoup de choses sur la lecture simplement en lisant avec vous, et qu'il vaut souvent mieux les laisser apprendre d'expérience que leur expliquer.) La prochaine fois que vous relirez l'histoire, encouragez l'enfant à lire les mots et les phrases qui figurent sous les images.

Madame Rapetipetas avait lâché la queue en criant. Elle avait réveillé Monsieur Vitaulit qui dormait à poings fermés dans son lit dans sa maison au bout de la rue.

Monsieur Vitaulit fut réveillé.

Ne lui soufflez pas le mot avant qu'il n'ait eu le temps de réfléchir, mais ne le laissez pas non plus peiner trop longtemps. Encouragez-le en lui faisant sentir qu'il lit bien, félicitez-le pour ses progrès et évitez les critiques.

Revenez ensuite au commencement, et inscrivez le nom de l'enfant dans l'espace qui lui est réservé sur la page de titre, en lettres minuscules, et non pas en majuscules. Qu'il vous regarde écrire son nom: c'est une expérience instructive.

Les enfants aiment entendre la même histoire plusieurs fois. Lisez cette histoire aussi souvent qu'il souhaitera l'entendre. Plus il aura d'occasions de regarder les images et de lire les légendes avec vous, plus il apprendra à reconnaître les mots. Ne vous inquiétez pas s'il répète de mémoire les légendes avant même de les avoir lues. C'est un stade normal de l'apprentissage.

Si vous avez plusieurs livres, laissez-le choisir l'histoire qu'il veut entendre.

Quand vous êtes sûr que l'enfant est capable de bien lire ces mots, demandez-lui de vous les lire à voix haute.

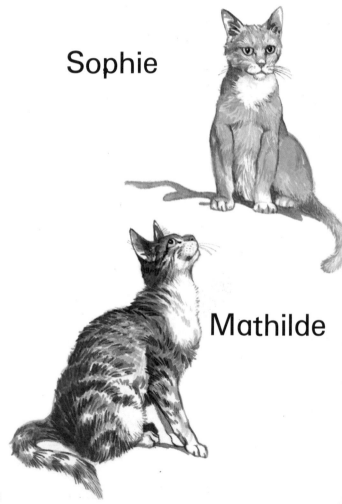

Sophie

Mathilde

le magicien

Voici d'autres livres qui racontent des aventures de Sophie et Bébert avec le magicien:

1er niveau

La soucoupe volante

Bébert